AF311684

830.75
?38.50
[illegible]

CATALOGUE

D'ESTAMPES

ANCIENNES & MODERNES

École française, XVIIIᵉ Siècle

ET PIÈCES EN COULEUR

PORTRAITS, ORNEMENTS

LIVRES A FIGURES, ARCHITECTURE, AUTOGRAPHES

DESSINS ANCIENS

Appartenant à M. W. D. D., Amateur étranger

DONT LA VENTE AURA LIEU

HOTEL DES COMMISSAIRES-PRISEURS

Rue Drouot, nᵒ 5

SALLE Nᵒ 3, AU 1er

Les Lundi 9 et Mardi 10 Novembre 1863

A UNE HEURE PRÉCISE

Mᵉ **DELBERGUE-CORMONT**, Commissaire-Priseur,
rue de Provence, 8,

Assisté de **M. VIGNÈRES**, Marchand d'Estampes,
rue de la Monnaie, 13, à l'entresol, entrée rue Baillet, 1,

Chez lequel se distribue le présent Catalogue.

EXPOSITION AVANT LA VENTE, DE MIDI A UNE HEURE

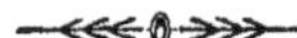

PARIS

RENOU & MAULDE

IMPRIMEURS DE LA COMPAGNIE DES COMMISSAIRES-PRISEURS
Rue de Rivoli, 144

1863

ORDRE DES VACATIONS

L'ordre du Catalogue sera suivi.

1re VACATION

Estampes anciennes............	1 à 45
École du XVIIIe siècle..........	46 à 139
Pièces en couleur.............	140 à 173
Portraits, etc................	174 à 200

2e VACATION

Ornements...................	201 à 244
Livres à figures..............	245 à 253
Autographes.................	254

Les lots pourront être divisés à la volonté du vendeur.

Nous avons suivi les attributions de l'amateur pour les Dessins.

CONDITIONS DE LA VENTE

Au comptant.

Les Acquéreurs paieront en sus des adjudications CINQ pour CENT, applicables aux frais.

M. VIGNÈRES, dirigeant la Vente, se charge des Commissions.

NOTA. Toute commission sans prix fixé ou sans limite déterminée sera regardée comme nulle.

M. VIGNÈRES se charge de faire marquer les prix aux Catalogues des ventes; les Amateurs qui le désirent peuvent s'adresser à lui *franco*.

AVIS. — Nous prions MM. les Amateurs éloignés de ne pas attendre au dernier jour, pour que les lettres arrivent le matin de la vente; ils comprendront que quelques lettres peuvent se lire, mais de 20 à 50 lettres, c'est difficile.

(Toute lettre non affranchie ne sera pas reçue.)

ESTAMPES ANCIENNES

ET MODERNES

1 **Allard** *ex.* Fontainebleau. 18 vues.

2 **Berghem**. Animaux, Bestiaux, par et d'après lui. 71 p. Sera divisé.

3 **Bloemaert**. Principes de dessin : Baraques, Paysages, Animaux, Groupes d'Enfants, Fac-simile, etc. 300 p.

4 **Both** (J.), etc. Paysages à l'eau-forte. 8 p.

5 **Brebiette**. Bacchanales, en frises. 11 p.

6 **Browne**. Les Bandits prisonniers, très-grand paysage.

7 **Callot**. La Noblesse, les Gueux, Bohé-miens, etc. 47 p. d'après lui.

8 **Cats**. Paysages et Vues en Hollande. 22 p. par et d'après lui.

9 **Cossé**. La Sainte Famille, d'après André del Sarte.

10 **École allemande**. Petits maîtres : Beham, Aldegraver, Durer, etc. 19 p.

11 **École de Fontainebleau**. Danse des Nym-phes, d'après maître Roux.

12 **École française**. Sujets gracieux et autres. 50 p.

13 — D'après Eisen et autres. Sujets mythologiques avec allégories, entourages, etc. 64 p.

14 **Engelbrecht** (Martin). Laconicum Europæ speculum. 10 pl. in-fol. Allégories.

15 **Francisque**. Paysages à l'eau-forte. 13 p.

16 **Genoels**. Paysages à l'eau-forte, 2. — Glauber, 2. D'après Guaspre. 4 p.

17 **Goltzius**. Les Nymphes de Diane, Muse, Prophètes, etc. 25 p.

18 **Groeneweegen**, 1787. Plusieurs sortes de bâtiments hollandais. 40 p.

19 **Hansen**. Paysages à l'eau-forte. 17 p.

20 **Heer** (G. de). Halte de Bohémiens ; on voit une dame qui se fait dire la bonne aventure. Riche composition à l'eau-forte, pièce très-rare sur vélin.

21 **Hooghe** (Romain de). Scènes historiques, Satire contre Louis XIV, Guerres et Massacres. 47 p.

22 **Houbraken** (A.). Figures allégoriques. 7 p.

23 **Kobell** (J.). Bestiaux, par Marc de Bye, etc. 5 p.

24 **Lasinio**, padre 1810. Le prince de Neufchate vient épouser par procuration Marie-Louise. — Réception dans la forêt de Compiègne. — Mariage de Napoléon et de Marie-Louise. — Réception des félicitations des grands de l'Empire. 4 p. in-fol. rares.

25 **Lasman** (D'après). Costumes d'Italie. 12 p.

26 **Lebrun** (D'après). Moïse défend les filles de Jethro. — Plafond du grand escalier de Versailles. 2 p. Très-belles ép.

Ollivier
30 à 40.

Mangin   5

Olivier

Mangin   5

27 **Marot**. Vue des églises de Paris. 11 p.   *5*

28 **Marot** (D.) et autres. Les grandes Conquestes : Besançon, Dole, Valenciennes, etc. 20 p.   *5*

29 **Ostade**. Sujets de tabagie à l'eau-forte et autres. 37 p. par et d'après lui.   *8*

30 **Pitau**. Sainte Famille, d'après Raphaël. Belle épreuve.   *3*

31 **Potter** (Paul). Le Vacher, la planche réduite. Belle ép.   *3*

32 **Rembrandt** avec sa femme, sa mère. Gueux et mendiants, etc. 15 p. par et d'après.   *3* *25*

33 **Ridinger**. Chiens, Chevaux, Lions, Chasses au lièvre, etc. 49 p.   *7*

34 **Rubens** (D'après). Education de la Vierge, la Madeleine aux pieds de Jésus, Achille reconnu, etc. 5 p.   *8*

35 **Ruysdael**. Les deux Hommes et leur chien. — Le petit Pont. 2 p. Belles ép.   *6 50*

36 **Ruysdael** (D'après). Environs de Groningue, par Martini. — Chutes d'eaux, par Prestel, imprimé avec ton. 4 p.   *1 75* / *7*

37 **Salvage**. Anatomie du Gladiateur combattant. 11 p.   *4 25*

38 **Silvestre**. Vues de Paris et France. 13 p.   *3 25*

39 — et autres. Les Tuileries, en 2 feuilles, le château de Fontainebleau, Destruction du temple de Charenton, etc. 44 p.   *2* / *3 75*

40 **Testelin** (D'après). Groupes et sujets d'Enfants. 7 p.   *2 50*

41 **Velde** (Van de). Sujets d'Animaux. 10 p.   *3*

42 **Verboekhoven**. Les deux Mulets, charmante eau-forte du sujet de la fable de La Fontaine. In-8, toute marge.

43 **Witt** (de). Amours voltigeants. — Séraphins, par Punt, d'après lui. 2 p.

44 **Vorsterman**. L'Adoration des Mages, d'après Rubens. Grande pièce en 2 feuilles.

45 **Wyngaerde**. La Fuite en Égypte.

ÉCOLE FRANÇAISE, XVIIIe SIÈCLE

46 **Anonyme**. L'Instant de la gaieté. — La Réflexion tardive. 2 jolies p. in-4 toute marge.

47 **Baudouin** (D'après). Le Poëte Anacréon. Belle, marge.

48 — Le Midi — le Soir. 2 p. par *de Ghendt*.

49 — Jeune Fille effeuillant une rose. Très-belle, marge,

50 — Le Carquois épuisé, par *de Launay*.

51 **Beauvarlet**. La Bascule — le Colin-Maillard. 2 p. d'après *Frayonard*. Très-belles ép., marge.

52 — La Confidence, d'après *Vanloo*. Belle.

53 **Boilly** (D'après). Le Cadeau, l'Optique, Nous étions deux. 3 p.

54 **Boucher**. Enfants buvant du lait. — Le petit Montreur de marmotte. 2 p. originales, à l'eau-forte, chez Buldet.

55 **Boucher** (D'après). L'Amusement de la bergère — le Petit Ménage, 2 p.

F. Petit   3.

Michel   10

Michel.   5

Michel   15

Michel   5

Michel

Michel

Michel

Michel

Ollivier

56 — La Blessure sans danger. Très-belle ép. par *Miger*.   *1 50*

57 — Diane et Actéon, par *Tardieu*. Belle ép.   *3 50*

58 — Cérès nue, assise près d'un ruisseau. Jolie pièce. Très-belle ép.   *3*   *Vig*

59 — La Courtisane amoureuse, par *Larmessin*.   *4 75*

60 — Silvie délivrée par Aminte. Belle ép., par *Gaillard*.   *4 75*

61 — Jupiter et Calisto. Très-belle ép., par *Gaillard*. Marge.   *8*

62 — La Baigneuse surprise, par *Daullé*. Très-belle ép. dédiée à Mme de Pompadour. Marge.   *6*   *Vig*

63 — Pan et Syrinx, par *Martenasie*. Belle ép., marge.   *6 50*

64 — Le Départ et l'Arrivée du courrier. 2 p. par *Beauvarlet*.   *6 50*

65 — La Naissance de Vénus — la Toilette de Vénus. 2 belles pièces par *Claude Duflos*.   *10*

66 — La belle Villageoise, par *Soubeyran*. Très-belle ép.   *4*

67 — Groupes d'Enfants, — l'Amour oiseleur, etc. 7 p.   *8*

68 — Panneau de paravent, Scènes maternelles, Vénus, Quos ego, etc. 8 p.   *5*

69 — Paysages dont les ponts de bois avant la lettre. 4 p.   *3*

70 **Boulogne** (D'après). Actéon métamorphosé en cerf, par *Sornique*. Belle ép.   *1 50*

71 **Canot**. Le Souhait de bonne année au grand-papa — le Gâteau des rois. 2 p. par *Le Bas*. Très-belles ép., marge.   *7*

72 **Cazes** (D'après). L'Amour aiguisant ses traits, par *Levesque* 1770. Jolie pièce, marge.

73 **Chardin** (D'après). La Gouvernante — la Mère laborieuse. 2 p. par *Lépicié*. 1739 et 1740.

74 **Chedel**. Quartier général, d'après Robert Van *Hoeck*, Très-belle ép.

75 **Cochin**, Cérémonie du mariage du Dauphin à Versailles en 1745. Grande et belle pièce.

76 **Coypel** (D'après les). Alcide et Alceste, par *Desplaces*.

— *Jeunes beautés, ce feu qu'avec ce verre*, par *Beaumont*.

— Les Amours forgerons, par *Desplaces*. — Naissance de Vénus. — Vénus sur les eaux. — Thalie chassée par la Peinture, par *Lépicié*. 6 p. Sera divisé.

77 **Deshayes** (D'après). La Résistance, par *Nicollet* (Suzanne et les Vieillards). Belle ép.

78 **Desrais** (D'après), 1778. Dame de qualité en grand habit, robe de cour, habillement d'hiver galant; Circassienne vue par devant; Polonaise garnie de gaze, Déshabillé à la polonaise, vue de côté, en manière anglaise. Ces 8 costumes grand in-8 sont très-rares.

79 **De Troy** (D'après). Suzanne et les Vieillards. — Bethsabée au bain. 2 p. par *Cars*, plus la copie contre-partie. 3 p.

80 **Duclos** (D'après A.-J.). Les Sabots, comédie. 6 vignettes in-8. Superbes ép. toute marge, charmantes compositions de Babet et Lucas.

Michel 10

Michel 10

Michel 6

Michel 5

Michel 3

Michel 4   F. Petit 2.50

81 **Dufour**, 1732. Le Maître de musique, d'après *Romboets*. Sup. ép., marge.

82 **Dumenil** (D'après). La Dame de charité.

83 **Favanne** (de). Arion sur un dauphin entouré de sirènes. Eau-forte rare.

84 **Filloeul**. L'Après-dîner, dans le goût de Pater.

85 **Fragonard** (D'après). L'Inspiration favorable : l'Amour inspirant une jeune fille prête à écrire une lettre, par *Halbou*.

86 **Freudeberg** (D'après). La Complaisance maternelle. Très-belle ép., par *Delaunay*.

87 — Les Adieux du laboureur — le Musicien du hameau. 2 p. par *Trière*. Belles ép., marge.

88 **Greuze** (D'après). La Marchande de pommes cuites. Chez *Beauvarlet*. Sup. ép.

89 **Grimou** (D'après). La jeune Studieuse et la jeune Laborieuse. 2 p. par *Levillain*.

90 **Guyot** (F. de). La Dame de qualité, d'après *Miéris*.

91 **Heilmann** (D'après). Le Bon exemple. — Mlle sa sœur. 2 p., manière noire, par *Haid*.

92 **Hutin** (D'après Ch.). La Ménagère saxonne. Charmante pièce. Sup. ép. par *Camerata*, marge.

93 **Jeaurat** (Par et d'après les). Le Savetier et le Financier. — L'Eplucheuse de salade. — Le Dessin. — Le Printemps, etc. 5 p.

94 — La Coquette, par M. *Aubert*. Très-belle ép., marge.

95 — L'Opérateur Barri. — La Servante congédiée. 2 p. par *Balechou*.

3 25 96 — La Place des Halles. — La Place Maubert. 2 p. par *Aliamet*.

3 97 **Jollain** (D'après). La Nymphe Erigone, par *Muller*.

1 75 98 **Jouvenet** (D'après). Le Char du Soleil. — Andromaque défendant Astianax. — Apollon et le^s Muses. D'après *Lafosse*. 3 p.

1 50 99 **Kimli** (D'après). L'Espoir de retour, par *Tardieu*. Belle ép., marge.

2 50 100 **Kraus** (D'après). Le Raccommodeur de faïence, par de *Buigne*. Très-belle ép.

3 101 — Le Moment dangereux : la bourse proposée à la Blanchisseuse. Belle ép.

9 50 102 **Lancret** (D'après). Trop indolent Tircis. — Récréation champêtre. — Jeu de cache-cache Mitoulas. 3 p.

6 50 103 **Lavrince** (D'après). Les Nymphes scrupuleuses — La Balançoire mystérieuse, 2. p. par *Vidal*. grande marge.

1 104 **Lebarbier** (D'après). Le Mari dupe et content, par *Patas*. Belle ép.

2 75 105 **Le Clerc** (D'après). L'Abbé en conqueste. — L'Hermite en queste. 2 p.

2 25 106 **Lemesle** (D'après). Scènes de Lazarille. 5 p. grand in-4. Belles ép.

1 25 107 **Le Prince** (D'après). Le Bonheur du ménage, par *Delaunay*.

1 108 **Macret**. Couronnement de La Fontaine par Esope. — Arrivée de J.-J. Rousseau. — Réception de Voltaire aux Champs-Elysées, par Henri IV. 3 p.
1 belles, marge.

Olliviers

Olliv.—

T. Perr. 4

Olivier

Michel 12

Michel 4
Michel 4

Michel 15

Michel 6

109 **Marillier**. Apollon et les Muses. 10 p. petit in-fol. Belles ép.

110 **Mercier** (D'après P.). Les Saisons : femmes en buste. Manière noire, par *Negges*. 4 p.

111 **Mettay** (D'après). Antiope réveillée par l'Amour. — Le Satyre amoureux. 2 p., par *Levasseur*. Belles ép., marge.

112 **Michel** (J.-B.). La belle Impatiente. Belle ép.

113 **Monnet** (D'après). La Vertu surprise. In-4.

114 **Moreau** (D'après). Le premier Baiser de l'Amour.

115 **Nilson**. Le Printemps, l'Automne, Amusements, Plaisirs, Bal champêtre. D'après *Eisen*, etc. 6 p.

116 **Oudry** (D'après) Epagneul, par *Duflos*, marge.

117 **Pater** (D'après). Le Glouton. — La Courtisane amoureuse. 2 p., par *Fillœul*.

118 — Le Roman comique de Scarron, 15 p. in-fol. Très-belles ép.. grandes marges.

119 — Mad. Bouvillon se fait une bosse, elle prie le Destin de lui chercher une puce, etc. 6 p.

120 **Picart** (B.) et autres. Petits sujets gracieux, Vénus, Léda, Triomphe de Galathée, etc. 12 p.

121 **Raoux** (D'après). *A captiver un cœur que vous êtes habile*. Jeune Fille qui se mire. Sup. ép. par *Teucher*, marge.

122 **Saint-Quentin** (D'après). Diane et Vénus endormie, par *Littret*. 2 p. Très-belles, marge.

123 **Schenau** (D'après). Le petit Graveur. Belle ép.

124 **Silvestre** (D'après L.). La Musique. Philis est une enchanteresse, par *Chasteau*.

125 **Surugue**, 1731. Le Mardi gras. D'après *Sandrart*.

1 126 **Troost** (D'après). Déclaration d'amour de Réné à Sarotte. — La Fille rusée. — La fausse Vertu. 3 p.

2 25 127 — La méchante Cabaretière. — Le Barreau des paysans. 2 p.

3 75 128 — Chambre d'accouchée. — Corps de garde des officiers hollandais. 3 p.

2 25 129 **Van Gorp** (D'après). C'est papa, par *Delaunay*.

9 130 **Vanloo** (D'après). L'Elève dessinateur. Très-belle ép.
— L'Architecture, la Peinture, la Sculpture, Triomphe de Silène, Conversation espagnole, Jupiter et Antiope, 7 p.

5 131 **Vernet** (D'ap. Joseph). Grands ports de France. 6 p.

1 25 132 **Watteau** (D'après). L'Innocence champêtre. — Noce de village. — Les Patins. 3 p., par *Dubosc*. Et autres, 9 p.

2 25 133 — Pillement d'un village. — La Revanche des paysans. 2 p., par *Baron*. — Camp volant, par *Cochin*. 3 p.

8 50 134 — Danse paysanne, par *Audran*. Très-belle.

8 50 135 — La Cascade, par *Scotin*. Très-belle.

9 136 — Fêtes vénitiennes, par *L. Cars*. Très-belle.

11 137 — L'Embarquement pour Cythère. Grande pièce, par *Tardieu*.

0 138 **Wheatley** (D'après). Les Amants des Alpes.

2 25 139 **Wille** fils (D'après). Retour heureux. — La Coquette satisfaite. — La Mère indulgente. 3 p.

Michel 6

Phelippot 6

Guelebaug 5

Ollivier

PORTRAITS & PIÈCES EN COULEUR

140 **Anonyme.** Scènes de toilette et sortie du bain d'une jolie femme. 2 p. en couleur, mauvaise condition.

141 — Charles-Louis, archiduc d'Autriche. Très-beau portrait en couleur. in-4, marge.

142 **Alix.** Fénelon.—Michel Lepelletier.—Marat, etc. 4 p.

143 **Alix.** Collection des nouveaux costumes des autorités civiles et militaires, **22** p. coloriées, d'après *Garneray*, avec texte.

144 **Bonnet.** La Cage dérobée, l'Enfant qui pleure, Tête. 3 fac-simile de dessins.

145 **Bury.** Vues du chemin de fer de Liverpool à Manchester, voitures, machines, etc. 15 p. coloriées et texte. 1832.

146 **Campion.** Vues de Paris, Notre-Dame, etc. 4 p. avec texte. Première livraison, in-4. — Le Temple, Garde-meuble, portes Saint-Martin, Saint-Denis, Saint-Antoine, barrière du Trône, etc. 13 p.

147 **Demarteau.** D'après Boucher. Têtes de jeunes filles dont une tient deux colombes. 2 beaux fac-simile aux trois crayons.

148 — La bonne Mère, Bergères et autres figures. Sanguine. Paysanne. 15 p. d'après Boucher.

149 — Le Nid d'oiseau dans les blés. — Le Petit Marchand de gâteaux. 2 jolis fac-simile aux trois crayons.

150 — Les trois Bacchantes ivres. Sanguine.

151 — Bergère. — Vénus couchée, Vénus et l'Amour dormant. 5 p. Sanguines gracieuses et très-belles. Seront divisées.

152 **Carême** (D'après). Satyre et Bacchantes. En coulenr, par *Demarteau*.

153 **Descoutis**. Environs de Rome. 2 p. rondes. — Paul et Virginie retrouvés par Dominique. 3 p. en couleur.

154 **Engelbrecht** excud. Costumes des généraux et soldats, Houssards, Pandours, Varesdins, Croates, etc. 50 p. coloriées.

155 **Frieselhem**. Sully. D'après Porbus. Ovale en couleur. Petit in-fol. Très-belle ép.

156 **Huet**. Le départ du Fermier. En couleur. Paysage, animaux. 8 p., sanguine.

157 — Diane au bain. — Offrande à l'amitié et à l'espérance. 3 p., en couleur.

158 **Janinet**. D'après Freudeberg. La Crainte et la Confiance enfantine. 2 p., en couleur, très-belles.

159 — L'agréable. Négligé. D'après Baudouin. Superbe ép.

160 — Tabagie hollandaise et autres, d'après Ostade, et le Père de famille, eau-forte originale. Colorié. 5 p.

161 **Joly**. Arts, métiers et cris de Paris. Publiés par Martinet. 36 p., coloriées. Sup. suite.

Michel 6
Michel 10
Michel 5
Michel 5
Michel 5
Michel 3

Michel 6

Jacob Letang 30

Philippot 3

Michel 6

Michel 8

Gelichen 4, Ollivier

Michel 12

Philippe 2

162 **Levachez**. Mad. Belmont, en pied, dans Fanchon la Vielleuse. Coloriée.

163 **Marin**. 1775. The charmes of the morning. — — The pleasures of education. **2** charmants bustes de jeune fille. En couleur, avec encadrement, imprimés en or.

164 **Mixelle**. Joseph Arné, grenadier, qui arrêta M. Delaunay, gouverneur de la Bastille. In-4, en couleur.

165 **Monnet** (D'après). Serment du Jeu de paume, Assemblée nationale, Pompe funèbre, 10 août 1792, 16 octobre 1793, Mort de Marie-Antoinette. Ouverture des États généraux. 6. p. très-belles, coloriées.

166 **Rowlandson**. Between heats. — Et caricatures, la Valse au mouchoir, etc. 3 p., coloriées.

167 **Saint-Sauveur** (D'après). Costumes de représentant du peuple français, 1796, et fonctionnaires publics. 16 p., en couleur.

168 **Ward**. The Lovely Brunette - Louisa. 2 p. ovales, en couleur, toute marge.

169 Pièces en couleur et sanguine. 12 p.

170 Fac-simile de dessins d'après les grands maîtres, Fleurs coloriées, etc. 14 p.

171 Costumes militaires français. 13 p. coloriées.

172 — Français et étrangers. 24 p. coloriées.

173 — Histoire naturelle, oiseaux, minéraux, reptiles, coquilles, fossiles, végétaux, etc. 143 p., la plupart coloriées.

PORTRAITS

174 **Anonyme**. Portrait d'homme cuirassé, époque Louis XIV. Sup. ép. avant toute lettre.

175 — Henri IV, avec vers hollandais.—Autre, in-fol., par Audouin. 2 p.

176 **Aubert**. Louis, Dauphin, à cheval, d'ap. Le Sueur. In-fol.

177 **Chereau**. Louis Pécour, maître de ballets.

178 **Daullé**. H. Rigaud, peintre, devant le portrait de sa femme. Très-belle ép. in-fol.

179 **De Blois**. Ortance Manzini, duchesse de Mazarin. In-4, manière noire, d'ap. Lely.

180 **Drevet**. Ch. de Guldenleu, d'après Rigaud. In-fol.

181 — Guil de Vintimille, archev. de Paris. In-fol., d'ap. Rigaud. Belle ép.

182 **Edelinck**. Titre des Grands Hommes de Perrault.

183 — Saint Louis à genoux, d'après Lebrun. Belle épreuve.

184 **Henriquez**. Louis XVI, in-fol., d'après Boze. — Autre in-4°, avec son supplice au bas. 2 p.

185 **Houbraken**. Petrus Lotichius secundus, poète et médecin. In-4. — William V. d'Orange. — J. Scipion Vernede. 3 p.

186 **Michel**. Gimat de Bonneval, comédien. — Marie-Anne Botot Dangeville. 2 p., petit in-fol.

Mangin 4
Lotisbrius deul

Ollivier

Henry 1 5°

38 [illegible]   2 - 25
55 [illegible]   2 75
87.   2
70 -   3 25
58 -   3 75
45 - ... Vég   4
100   2 25
80   2 25
 8 Grandeur   2
14 [illegible]   2 50
52   2 50
40   1 [illegible]
9[?]   3 [illegible]

Ollivier
Sujets, Viguet[?]
[illegible] 40.
21 - ,50

187 **Peeters**, etc. Portraits équestres, 11 p. *1*

188 **Savry** (S.). Carolus Stuart. In-8, très-belle ép. *1 75*

189 **Vanderverf** (d'après). Portraits tirés de l'Histoire d'Angleterre de Larrey. 29 p. *15*

190 **Vermeulen**. Ch. A. Broglie, comte de Revel. In-fol. *2 50*

191 — Joseph Roettier, d'ap. Largillière. In-fol. *2 50*

192 Portraits divers. 26 p. *1 75*

193 **Pièces historiques**. Confession évangélique présidée par Charles Quint. — Supplice de Damiens. — Louis XVI et Necker. — Mort de Turenne. — Wolff, etc. 6 p. *1 25*

194 Galerie du duc d'Orléans. 24 p. gravées d'après les anciens maîtres. *12*

195 **Vignettes** pour la Bible et autres. 34 p. *1 50*

196 Vignettes anglaises, Vues de France, Suisse et Italie. 35 p. *1* *2 75*

197 Sujets d'Enfants d'après Hostein, Kilian et autres. 41 p. *7 50*

198 **Lithographies**. Etudes de paysages et vues diverses par Ferrogio et autres. 92 p. *2 25*

199 — Sujets de genre, Paysages, Marines, Vues de Hollande, etc. 138 p. *5*

200 Sujets divers, Paysages, Marines, Compositions religieuses et autres. 554 p. Sera divisé.

ORNEMENTS

201 **Allard**. Divers insectes volatiles d'après nature et d'après Hoefnagel. 19 p.

202 — Ornements de panneaux, lambris, carrosses et fleurs pour la broderie. 13 p.

203 **Babel**. Compartiment d'Ornements pour fontaines. 3 belles p.

204 **Baptiste** et autres. Vases et bouquets de fleurs. 50 p.

205 **Baumgartner**. Les Élémens, les Ages, les Parties du Monde, etc., Allégories dans des compositions rocaille, les Saisons par Baur. 18 p.

206 **Charmeton**. XXIe cahier de corniches, etc., choisies sur l'antique. 16 pl. sur 4 feuilles.

207 **Deneuforge**. Buffets d'Orgues, etc. 17 p.

208 **Forty**. Candélabre, Chandeliers, Baromètres, 5 p. riches.

209 **Goz**. Le Printemps — l'Hiver, figurés par une jolie femme dans une riche décoration rocaille.

210 **Gradmann**. Ouvrages de menuiserie. 4 p. - Gaînes et Trépieds de Grandhome, 4. 8 p.

211 **Grosmann**. Meubles, chaises, bureaux, etc. 10 p.

212 **Haberman**. Compositions rocaille. 11 p.

213 **Haidt** (d'ap.). Cartouches à la moderne, les Saisons et autres compositions avec rocaille. 21 p.

214 **Hauer**. Épitaphes, Serrureries, Trumeaux, Meubles, etc. 26 p.

[illegible]

215 **Hertel** *excud.* Compositions dans des entourages rocaille. Les Saisons, les Heures du Jour, etc. 17 p.   2 75

216 **Huquier.** Écrans chinois. 7 p.   1 50

217 **Delafosse.** Chandeliers, Trophées, Attributs de Chasse, d'Église, de Musique, d'Amour, de cheminées, Candélabres, etc. 28 p.   13 50

218 **Lajoue.** Cartouches, la Peinture. 4 p. — Bibliothèques et Maisons, par de La Londe, 7. 11 pl.   1

219 **Lepotre.** Grilles, Cheminées, Arabesques, Porte, Vases, etc. 42 p.   13 50

220 **Marcorelle** 1572. (Imp. à Lyon, par Jean.) La diversité des termes. 34 p. en bois rare.   10

221 **Marot** (Daniel). Cheminées. 5 p.
222 — Serrurerie, grilles, clefs, entrées de serrures, rampes, etc. 4 p.   9 50

223 **Mondon.** Formes rocaille ornées de figures de Modes, Meissonnier. 10 p.   1 75

224 **Nilson.** Cartouches modernes accompagnés d'Enfants et autres, avec différentes figures, les Éléments, Allégories, Mois, etc. 20 p.   2 75

225 **Peyrotte** (d'après). Attributs de la peinture, sculpture, l'Amour, la Pêche, la Chasse. 5 p.   1 75

226 **Pillement.** Différentes figures chinoises. 12 p.
227 — Fleurs baroques. 12 p.
228 — Sujets et Pavillons. Temples chinois, Jeux d'Enfants. 19 p,   3 50

229 **Puer.** Pieds de Crucifix, etc. 9 p.   1

230 **Quelinus.** Guirlandes, Festons, Compositions de Fruits et Légumes. 37 p.   8

231 **Radi.** Tombeaux, Cénotaphes. 8 p.   3

4 50   **232 Pas** (Crispin de). Oficina arcularia, Boutique menuiserie, autels, tombeaux, portes, etc. 23 p.

5   **233 Petit** (Jacob). Collection de dessins d'ornements au trait, pour toutes les industries. Vol. in-fol. oblong de 50 p., carton.

8   **234 Toro**. Têtes grotesques et casquées. 3 p.

6 50   **235 Wachsmuth**. Composition de Pastorales dans le goût de Watteau, dans des formes rocaille. 12 p.

0   **236 Zyp**, 1831. Les ordres d'architecture, profils, dessins à la plume, avec les proportions. 30 p.

1 50   **237** Architecture, Pavillons de Diane, Vénus, Minerve, Allégories, Têtes. 46 p.

6   **238** Arabesques, Panneaux d'Ornements. 36 p.

2 25   **239** Armoiries, Cartouches, Titres. 26 p.

4   **240** Arquebuserie, Serrurerie, Vases, etc. 29 p.

2 25   **241** Joaillerie, bijouterie, etc. 15 p.

3   **242** Cadres de glaces, médaillons, cheminées, décoration intérieure. 20 p.

2 50   **243** Pendules, meubles de Boucher, attributs. 38 p.

1 75   **244 Orfévrerie.** Volume de 70 p. — Les 5 ordres, Amsterdam, 1646. — Dessins de draperies, 31 p. coloriées. 3 vol.

LIVRES A FIGURES, ETC.

1   **245 Danckers**. Architecture civile, charpentes de toiture, escaliers, etc. Planches et texte hollandais, broché en vélin.

Drucy 15

Berard 9

246 **Durer** (Albert). Les Proportions du corps humain, gravures en bois, texte **1622**, broché en parchemin.   7   50

247 **Francisque**. Son œuvre, en 28 p., vol. oblong carton.   4   50

248 **Hondius**. De la Perspective, planches et texte en hollandais, carton.   1

249 **Mariette** ex. Les Saisons, les Mois. 16 p. in-fol. oblong broché.   2

250 **Plumier**, minime. L'Art de tourner. *Paris, Jombert*, 1749, in-fol. Texte et planches, d.-rel.   3

251 **Scamozzi** (Vincent). Architecture, colonnes, 1664, in-4, à Leyde. — Les Ordres, Amsterdam, 1677. — petit in-fol. Amsterdam, 1821. — 3 vol.   3   50

252 **Serlio** (Séb.). Tutte l'opere d'architettura. Venise, 1619 ; fig. en bois, in-4, carton.   3

253 **Silvestre** (Israël). Vues de Rome, Venise, Paris et la France. 159 p., vol. oblong, v. m.   3 6

254 **Autographes**. Albemarle, pièce sign. 1705, avec cachet. Aut. sig. 1716, avec cachet.   21
— Bourbon (L. de), duc de Toulouse. L. aut. sig., à Lubienitzki, en 1643.
— Charles Ier, roi d'Angleterre. L. aut. sig., 1636. (*Fac simile ?*)
— Dona (comte de). L. aut. sig., 1650.
— Dorset (Th. Sackville, comte de), lord Buckurst, un des juges de Marie Stuart. L. sig. en hollandais, 1587.
— Frédéric-Guillaume, électeur de Brandebourg, avec cachet.

Suite des Autographes :

— Hompesch (comte de), 1711. L. sig.

— Louis XIV, sig. et par Le Tellier, parchemin, sceau, 1644.

— Louis XV, sig. et par Leblanc, 1719, parchem.

— Melanchton, signature, portrait et *fac simile* d'écriture de Luther.

— Peiresc (Fabri de). L aut. sig., à Grotius, 1636.

— Petit, théologien. L. aut. sig., en latin, 1642.

— Lettres de noblesse accordées par Sigismund-Auguste, roi de Pologne, 1568, signées par le roi ; grande feuille parchemin avec les armoiries à la gouache et le grand sceau à cordons de soie.

— Wladislaus Sigismund, plus tard roi de Pologne. Lettre signée, en latin, 1645.

DESSINS

255 AARTMAN. La Navigation. — La Terre. — Les Sciences, 3 allégories. — Enfants dans des ornements, à l'encre de Chine.

256 ANDRIESSEN. Bestiaux, paysages, sujets de figures, 10 aquarelles ; divers pots crayons noir. 14 p.

257 BACKUYSEN (d'ap.). Marine, aquarelle. — Incendie d'une flotte, 2 gouaches. 3 p.

258 — (V. Sante). Une Ferme, à l'encre et bistre, grand dessin.

259 BARBIERS. Chaumière, aquarelle.

Philippo 5

Philippo 8

Herpin 5.50

260 BAUDOUIN. Deux paysages, crayon noir.

261 BEERSTRATEN. Église de village, ruine. 2 p.

262 BEGA. Études de figures, crayon noir et sanguine. 5 dessins attributs.

263 BEMME. Grand paysage rustique, au bistre.

264 BERTERS. Paysages, 8 à l'encre de Chine et 1 aquarelle. 9 p.

265 BLOEMAERT. Au bistre et sanguine. 4 p.

266 BOL (Ferd.). Tobie le père recouvrant la vue, grande composition d'intérieur, au bistre.

267 BOSCH. Moulin au milieu d'une campagne de grande étendue. Aquarelle.

268 BOTH. Paysages, ruines. 5 p. à l'encre.

269 BOUCHER (d'après). Enfants faisant des bulles de savon, au trois crayons; paysages avec oiseaux, pour panneaux, décorations d'intérieur, 5 dessins à l'encre. 6 p.

270 BREUKELS. Marchands, paysans, mendiants. 6 p. crayon.

271 BULT. Marine avec monuments. Aquarelle.

272 BUYS. Jolie scène de famille; l'Amour ornant un buste. 2 p. à l'encre de Chine, signées.

273 CANALETTI. Bateaux ornés et équipés pour des fêtes nautiques, et autres. 8 p.

274 CASPARI, 1795. Dame en buste profil, coiffée d'un bonnet. Jolie aquarelle.

275 CATS. Paysages, aquarelle et encre. 4 p. attrib.

276 CUYP (d'ap.). Aquarelle et crayon. 2 p.

277 DAVID. Scène romaine. Grand dessin au crayon.

278 DONGEN (D.), 1805. Les Foires. — Bestiaux dans une prairie. 3 grandes aquarelles.

279 DRIELST. Riches paysages, aquarelles et encre de Chine. 6 p.

280 DYK (W. C. Van). Jeune dame en costume de soirée, tenant un bouquet. Jolie aquarelle.

281 ECKHOUT. Figures de paysans et paysannes, bûcherons, etc. 16 p. au crayon.

282 ÉCOLE FRANÇAISE. La Mort et le Malheureux. La Mort et le Bûcheron. — L'Homme entre deux âges. — Le Renard et la Cigogne. 4 sujets à la sanguine, in-8, pour les Fables de La Fontaine.

283 EIK (J. V.), 1739. Paysage avec figure. Aquar.

284 EKELS. Petites vues de châteaux, avec de l'eau. 3 p. au bistre.

285 EVERDINGEN. Paysages à l'encre et sanguine. 3 pièces.

286 FOLKEMA. D'ap. Salvator Rosa. — D'ap. Vouet, Jésus guérissant. 2 p. à la plume.

287 GOOL (Van). Bestiaux, au crayon, à l'encre. 2 p.

288 GOYEN (Van). Paysages, au crayon. 9 p.

289 GRÉGOIRE (Paul), 1783. Danse, promenade en chaloupe, fête sur les bords du Gard, dont le pont ferme l'horizon, grand dessin à l'encre.

290 GRUYTER (W.). D'après Opdenhoff. Bateau à vapeur sur une mer agitée, à l'encre et bistre.

291 HAANEBRINK. Homme jouant du violon, Femme dormant. 2 p. au crayon.

292 HENDRIKS. Chaumière dans une forêt. — Étude d'arbres. 2 p. à l'encre de Chine.

293 HEURN, 1791 à 1802. Paysages, aquarelles et bistre. 11 p.

Herpin 11

F. Petot 7.50   Sercin 15

ac blun 10

Harpin 2 50

Harpin 3   Ma
leblam 3

294 HOVE. Vestibule de maison hollandaise, avec une dame, aquarelle pleine de soleil.

295 HULSWIT. Paysage bistre et autres à l'encre, etc. 5 p.

296 JANSON, 1782. Saules près de l'eau, aquarelle; vache, bestiaux, etc. 4 p.

297 KIEVRIET. Scènes de fumeur, 2 petites gouaches.

298 KOBELL (J.). Petits bestiaux, à la plume, 6 au crayon; bestiaux dans un pâturage buvant au bord de l'eau, au bistre, très-beaux. 12 dessins. Pourront être divisés.

299 KOEKKOEK (B.-C). Très-beau paysage coupé de bouquet d'arbres et de chemins, au bistre.

300 — Ferme, Études d'arbres. 2 p. à l'encre de Chine.

301 KOEKKOEK (J.-H). Marines aquarelles. 8 aquarelles.

302 KONNING. Sujets bibliques. 2 p. au bistre.

303 KRUSEMAN. Tête de femmes coiffées avec voiles et broderie, jeune garçon. 3 p. crayon.

304 LAAR. Anes, chevaux, etc. 4 p. crayon.

305 LAIRESSE. Petits et grands sujets mythologiques et autres, au bistre, crayon, etc. 6 p.

306 LAMBERTS. Jeune fille, paysage. 3 p. crayon.

307 LANGENDICK. Le Repas aux cochons, le Balayeur, etc. 3 p. lavées.

308 LEEN (Van). Fleurs en bouquets, vase et fruits seuls. 13 aquarelles.

309 LUYKEN. Composition et croquis, à la plume et au bistre. 6 p.

310 MEULEMANS. Scènes d'intérieur, de famille, de buveurs, etc.; effets de lumière. 11 p. à l'encre et aquarelle.

311 MIERIS. Loth et ses filles, crayon.

312 MILATS. Beau paysage, environ d'une ferme, à l'encre.

313 MOREL. Beau bouquet de fleurs, aquarelle.

314 MOUCHERON. Intérieur de parc avec fontaine, statues, allégories; paysages avec bestiaux. 6 p. à l'encre et bistre.

315 NETSCHER. Jeune fille, à la sanguine.

316 NOORDE, 1770. Marine, à l'encre de Chine.

317 OPDENHOFF. Marines, 2 aquarelles.

318 OS (P.-G. Van). Bestiaux, crayon; paysage, aquarelle. 8 p.

319 OSSENDRYVER. Études de paysages. 7 p. crayon.

320 PEIFFERS. Vue intérieure d'une ville de Hollande, avec pont sur un canal, effet de lune, à l'encre.

321 — Marine, effet de soleil, aquarelle.

322 PICART. Titre : Ésope montrant la Vérité à La Fontaine; lettres et ornements arabesques; tête, d'ap. Baroche. 7 p.

323 POUSSIN. Marius sur les ruines de Minturnes, beau dessin au bistre; il est écrit au dos qu'il vient du cabinet Crozat et a été acheté 72 fr. à la vente.

324 — Les Filles d'Aglaure, à la plume. — Énée, à l'encre de Chine.

325 PRINS. Vue intérieure d'une ville hollandaise bordée d'un canal; on voit un palais et une église, nombre de figures en costumes du xviiie siècle. Magnifique aquarelle.

Herpin 4.50

Leblanc 7.50

Leblanc 4.

Lüdau 15

326 QUELLINUS. Cartouches rocailles, fragments et compositions d'ornements pour la décoration. 17 dessins, sanguine.

327 RUYSDAEL. Paysages. 3 p. au crayon.

328 SAFTLEVEN. Études de chariot, animaux, ruines, etc. 3 p.

329 SCHALKEN. Sainte adorant Jésus, tenu par la Vierge, sanguine sur vélin.

340 SCHEFFER (A.). Tête d'homme fumant, grandeur naturelle, à l'encre de Chine.

341 SOUKENS (H.). Adoration du veau d'or, composition d'un grand nombre de figures, à l'encre.

342 STOKWISCH. Études de moutons, Académie de femme, sanguine. 3 p.

343 STRY. Études de figures : tonnelier, matelot ; riche paysage, aquarelle, encre de Chine. 4 p.

344 TERBURG. Portrait, études à la sanguine. 4 p.

345 THIENON, 1807. Vue d'un château impérial, au bistre.

346 TISBYN. Jeune femme sur une escarpolette, crayon noir rehaussé de blanc.

347 TUUNTE. Encensoirs, autel. 2 p. lavées.

348 ULFT (V. der). Place publique dans un ville antique, fabriques. 2 p. au bistre.

349 VAILLANT (W.). Tête d'homme. — Tête de femme, par Xavery, 2 dessins crayon noir.

350 WALDORP. Marines, 3 aquarelles.

351 VELDE (W. V. de). Flotte en mer, à la plume, sur vélin.

352 WERFF (V. der). Loth et ses filles, crayon noir.

353 VERMEULEN, 1801. Beau paysage, effet d'hiver, aquarelle.

354 VÉRONÈSE. Sujets religieux, croquis à la plume, lavés. 5 p.

355 VERRYK. Rue de village, à l'encre.

356 VICART. Paysages, au bistre. 4 p.

357 VINKELES. Études de figures, composition pour un titre avec cartouche blanc. 6 p.

358 VISSER. Rue de ville, avec promeneur, voiture, à l'encre de Chine.

359 WITT (de). Groupes d'enfants, croquis et compositions. 9 p.

360 WITHOOS. Oiseaux, huppe, canard, etc. 5 aquarelles.

361 WYNANTS. Paysages, à l'encre de Chine. 5 p.

362 ZORG. Études de femmes portant paniers. 2 p. au crayon noir.

363 Costumes d'hommes et de femmes, époque de Louis XIV, etc. 12 aquarelles.

364 Sous ce numéro seront divisés en plusieurs lots: environ 260 dessins de toutes les écoles, au crayon, à l'encre, sanguine, aquarelle; sujets, paysages, animaux, figures, etc., etc.

Herpin 5.50

Leblanc 6.

Leblanc ". 5.   Herpin 11
                     3 pieces

Leblanc 9.

Puller

Herpin 4.50

10	3		20	7
10	2		15	7
10	2		16	4
10	2	50	10	2
	4	25	7 portefeuille	
1	1			
15	6			
12	4	50		
12	8			
12	3	75		
12	4	25		
10	3	25		
11	5			
10	5			

180   Vente Dirksen

Nº	Désignation	Acheteur	Prix
13	d'ap. Eisen 6 ds.p.	Ollivier	10 50
15	Francisque	Mauzin	4
19	Hansen	Mauzin	2
24	Lasinio 4p.		4 75
36	2 Prestel Ruysdael	Dirksen	
39	6 vues		2
42	Verboeckhoven	F. Petit	2
46	la gaité, reflexion ladin	Michelot	8
47	Baudoin amoureux	Michelot	2
51	Beauvarlet Baruche Colin Maillard	Michelot	10
58	Cérès nue		3
62	Baigneuse surprise	Michelot	6
77	la Resistance	Michelot	2
80	Duclos les sabots	Michelot	4
85	l'inspiration favorable	Michelot	2
87	adieux du laboureur et pied	Michelot	2
93	le Savetier	F. Petit	2 50
	Jeannot 4p.	Michelot	2
97	Jollain Erigone	Maheraux	3
100	Kraus raccomodeur	Ollivier	2 50
101	moment dangereux	Ollivier	3
108	Maccat Lafontaine	F. Petit	1
109	Marillier 10p.	Ollivier	4
111	Mettay Antique ...	Michelot	5 50
114	Moreau 2p.	Michelot	4
120	Picart 12p.	Michelot	4 50
122	S. Quentin Diane, Venus	Michelot	8
142	Marot Alix	Phelippe	4
151	5 Sanguine	Michelot	20
152	Careme Bacchanal	Michelot	5
155	Sully	Phelippot	2
157	Huet 3p.	Michelot	7
162	Mad. Delmour	Gibbert	4
168	2 ovales femm	Phelippot	2 50
178	Double Rigaud		2 75
			158 50

Nº	Désignation	Acheteur	Prix
	Report		158 50
185	Lotichius	Mauzin	1
186	Cornuval, Dauguille	Ollivier	1 50
196	L. Vignettes	Herveay	1
234	Toro	Berard	8
254	Louis XIV.	Phelippot	3 50
	Sigismund	Phelippot	8 50
257	Barbieri	Herpin	3
273	Canalett	Leblanc	5
279	Drielst	Herpin	9
298	Kobell	Leblanc	9 50
303	Kruseman	Herpin	1 50
304	1 Laer	Herpin	2
312	Milats	Herpin	1
348	Ulft	Leblanc	6
359	6 deWitt	Leblanc	2
361	Wynants 3	Herpin	11 50
364	4p.	Herpin	3 75
			236 25
			11 85
	45 pièces	Ollivier	248 10
			4 20

Désignation	Prix
aff. a la Poste 155. Catal.	10 85
Montages 70.ᵉ	3 75
5 Mains chemises	6 25
Transport a l'hotel	2 50
Port et Camionage a la Douane	21 15
	44 50

www.ingramcontent.com/pod-product-compliance
Ingram Content Group UK Ltd.
Pitfield, Milton Keynes, MK11 3LW, UK
UKHW031803170726
13836UKWH00003B/1151